Conteúdo

1 Breves comentários   1

2 Contrarrazões de recursos extremos adaptadas de peças reais   2

2.1 Contrarrazões de um recurso especial para o STJ   2

2.2 Contrarrazões de um recurso extraordinário para o STF   19

Adaptação: não trocamos os artigos do CPC citados na jurisprudência. A correspondência está a seguir entre os artigos do antigo e do novo CPC para consulta:

Art. 541, § único, do CPC/73, corresponde ao art. 1.029, § único do CPC/15.

Art. 535, incisos I e II CPC, do CPC/73, corresponde ao art. 1.022, incisos I e II do CPC/15.

Art. 538, § único, do CPC/73, corresponde ao art. 1.026, § 2º do CPC/15.

1 Breves comentários

Contrarrazoar recursos em sede de tribunais superiores é uma exigência prática da advocacia preparada para defender seus clientes. Desenvolver os argumentos necessários para litigar envolve conhecer bem o direito que vai ser debatido e aplicar as técnicas eficientes para afastar as chances dos recursos extremos superarem o exame de admissibilidade. E se passarem pelo exame, a argumentação de mérito deve abranger o raciocínio completo para uma boa defesa.

Entre os argumentos de direito, que podem ser trabalhados, apresentamos nas peças, no âmbito de contrarrazoar um recurso especial: o pós-questionamento, a inexistência de ofensa à legislação federal e a imprescindibilidade de revolver o conjunto fático-probatório.

Em sede de contrarrazoar um recurso extraordinário, trabalhamos na peça apresentada: o pós-questionamento, a necessidade de revolver o conjunto fático-probatório, a ausência de repercussão geral da matéria e a ausência de ofensa direta à Constituição.

O oferecimento das contrarrazões dos recursos extremos de processos iniciados no primeiro grau de jurisdição deve ser feito para a autoridade definida na regulamentação da competência dos representantes do Tribunal. Ressaltamos que os recursos extremos não são admitidos no caso de não se esgotarem todos os recursos nas instâncias inferiores.

As peças a seguir são reais e foram adaptadas. Busca-se tutelar os direitos constitucionais e civis do recorrido, que se defende da iniciativa recursal de uma empresa de plano de saúde que se rebelou contra o acórdão de um Tribunal de Justiça.

É importante notar que existe uma lógica na construção dessas peças. É essa lógica que permite uma boa defesa. Essas petições são desenvolvidas focadas no caso concreto e acompanhadas de legislação, jurisprudência e doutrina para um embasamento técnico jurídico completo.

2 Contrarrazões de recursos extremos adaptadas de peças reais

2.1 Contrarrazões de recurso extraordinário para o STF

EXMO. SR. DR. DESEMBARGADOR TERCEIRO VICE-PRESIDENTE DO TRIBUNAL DE JUSTIÇA DO ESTADO DO _____

Ref.: Apelação Cível n.º: NÚMERO DA APELAÇÃO CÍVEL

PRIORIDADE DE TRAMITAÇÃO: pessoa idosa

NOME DO RECORRIDO, devidamente qualificada nos autos da Apelação Cível em epígrafe, que figura como apelante **TREVO DA SORTE PLANOS DE SAÚDE Z LTDA.**, vem, respeitosa e tempestivamente, à presença de Vossa Excelência, através do patrono *in fine* subscrito, apresentar:

CONTRARRAZÕES AO RECURSO ESPECIAL

consoante as relevantes argumentações a seguir aduzidas, que roga a Vossa Excelência que se digne a receber e mandar processar na forma da lei.

Nestes Termos,

Pede Deferimento.

CIDADE, DATA.

NOME DO ADVOGADO

OAB DO ADVOGADO

CONTRARRAZÕES DE RECURSO ESPECIAL

Recorrente: TREVO DA SORTE PLANOS DE SAÚDE Z LTDA.
Recorrido: NOME DO RECORRIDO

Egrégio Superior Tribunal de Justiça,

Colenda Turma,

Eméritos Ministros

I) DA TEMPESTIVIDADE

As presentes contrarrazões de recurso especial são tempestivas, considerando que a intimação para o recorrido se manifestar ocorreu em 12/02/2016, tendo ocorrida a manifestação em 14/02/2016, portanto, antes do prazo processual de 15 dias prescrito no art.1.003, parágrafo 5º, do CPC vigente na data da apresentação destas contrarrazões.

II) PRELIMINARMENTE – RAZÕES PARA NÃO CONHECER DO RECURSO ESPECIAL

O recurso especial é inadmissível por ausência de seus pressupostos de admissibilidade, uma vez que:

1) Há ausência do competente prequestionamento. Em seu lugar, aparece o inaceitável pós-questionamento;

2) Ocorre inexistência de ofensa à legislação federal;

3) A insurgência recursal demanda o revolvimento de todo conjunto fático-probatório dos autos, bem como interpretação de cláusulas contratuais – Incidência das Súmulas 05 e 07 do SUPERIOR TRIBUNAL DE JUSTIÇA.

É o que se passa a expor:

II.1) Há ausência do competente prequestionamento. Em seu lugar, aparece o inaceitável pós-questionamento.

Não se pode confundir prequestionar com pós-questionar, conforme lições de Bernardo Ribeiro Camara em sua obra "Recurso Especial e Extraordinário".

As matérias, consideradas violadas, levantadas pela Recorrente no recurso especial deveriam ter sido ventiladas **antes de proferido o acórdão referente à apelação**. Houve, portanto, o fenômeno jurídico conhecido como pós-questionamento, inadmissível, pois quebra toda lógica processual e **desconfigura o instituto da preclusão**.

Em um simples exame da peça de apelação interposta pela Recorrente, fls. 377-401, verifica-se, facilmente, que não há em nenhuma parte do texto a preocupação e zelo em prequestionar qualquer matéria de índole infraconstitucional, afirmando uma possível violação de dispositivo de lei federal. A contestação de fls. 122-158 também é carente de qualquer debate sobre violação de dispositivos de lei federal. A ausência do debate da violação de legislação federal na apelação é suficiente para a inadmissibilidade do recurso especial! Não vale iniciar o debate de violação da lei a partir dos embargos declaratórios opostos em face do acórdão que decidiu sobre a apelação. Evidente preclusão!

Vejamos julgados nesse sentido, que tratam do pós-questionamento, identificado no caso em tela como óbice para admissibilidade do recurso especial:

Julgados do STJ:

> **STJ - AGRAVO REGIMENTAL NO RECURSO ESPECIAL AgRg no REsp 1121195 GO 2009/0094232-4 (STJ)**
> Data de publicação: 16/11/2009
>
> Ementa: AGRAVO INTERNO. RECURSO ESPECIAL. **PÓS-QUESTIONAMENTO**. INVIABILIDADE TÉCNICA PARA CARACTERIZAÇÃO DE PREQUESTIONAMENTO. NOTA PROMISSÓRIA EMITIDA EM BRANCO. POSTERIOR PREENCHIMENTO. POSSIBILIDADE. MÁ-FÉ DO CREDOR. DIVERGÊNCIA JURISPRUDENCIAL. AUSÊNCIA DE SIMILITUDE FÁTICA. NÃO DEMONSTRAÇÃO. A tentativa de agitar, via embargos de declaração, novas questões, caracteriza, não o prequestionamento, mas, tecnicamente, o **pós-questionamento** - Precedentes. O Tribunal a quo afastou a má-fé do credor em preencher a nota promissória. Não identifica-se, pois, a similitude fática entre os arestos confrontados, uma vez que os arestos paradigmas trazidos à colação justamente apontam discrepâncias no preenchimento do título pelo credor. A ausência de similitude fática entre os arestos confrontados, não atende a regra do art. 541, parágrafo único, do CPC, C/C art. 255, RISTJ, para fins de comprovação de divergência jurisprudencial. Agravo Regimental conhecido e não provido.

> **STJ - EMBARGOS DE DECLARAÇÃO NO RECURSO ESPECIAL EDcl no REsp 192512 SC 1998/0077932-9 (STJ)**
> Data de publicação: 02/05/2000
> Ementa: PROCESSUAL - EMBARGOS DECLARATÓRIOS - PREQUESTIONAMENTO - **PÓS-QUESTIONAMENTO**. Embargos declaratórios opostos após a formação do acórdão, com o escopo de prequestionar

tema não agitado anteriormente, no processo. Na hipótese, não haveria "prequestionamento", mas "**pós-questionamento**". O Direito Processual Brasileiro não admite embargos declaratórios para **pós-questionar** temas estranhos ao debate.

STJ - EMBARGOS DE DECLARAÇÃO NOS EMBARGOS DE DECLARAÇÃO NO AGRAVO REGIMENTAL NO RECURSO ESPECIAL EDcl nos EDcl no AgRg no REsp 209440 SP 1999/0029278-2 (STJ)

Data de publicação: 16/12/2002
Ementa: EMBARGOS DECLARATÓRIOS. INEXISTÊNCIA DE QUAISQUER DOS VÍCIOS A QUE ALUDE O ART. 535, INCISOS I E II DO CPC. INTUITOS PROTELATÓRIOS. INAPLICABILIDADE, IN CASU, DA SÚMULA 98/STJ. **PÓS-QUESTIONAMENTO** PRETENDIDO PELO EMBARGANTE. DESCABIMENTO. 1. Inexistência no acórdão embargado de quaisquer dos vícios previstos no art. 535, incisos I e II, do CPC. 2. Embargos manifestamente protelatórios, incidindo a multa cominada no art. 538, Parágrafo Único, do CPC. 3. **Pós-questionamento de matéria infraconstitucional e constitucional, não cabível em sede de recurso especial.** 4. Embargos rejeitados

PROCESSUAL - EMBARGOS DECLARATORIOS - PREQUESTIONAMENTO -POS-QUESTIONAMENTO. EMBARGOS DECLARATORIOS OPOSTOS APOS A FORMAÇÃO DO ACORDÃO, COMO **ESCOPO DE PREQUESTIONAR TEMA NÃO AGITADO ANTERIORMENTE, NO PROCESSO. NA HIPOTESE, NÃO HAVERIA "PREQUESTIONAMENTO", MAS "POS QUESTIONAMENTO".** O DIREITO PROCESSUAL BRASILEIRO NÃO ADMITE EMBARGOS DECLARATORIOS PARA POS-QUESTIONAR TEMAS ESTRANHOS AO DEBATE.

(STJ - EDcl nos EDcl no REsp: 31257 SP 1993/0000472-7, Relator: MIN. HUMBERTO GOMES DE BARROS, Data de Julgamento: 20/06/1994, T1 - PRIMEIRA TURMA, Data de Publicação: DJ 22/08/1994 p. 21213)

Julgados do próprio TJ-RJ (grifo nosso):

TJ-RJ - APELAÇÃO APL 00019944020128190066 RJ 0001994-40.2012.8.19.0066 (TJ-RJ)

Data de publicação: 10/10/2014

Ementa: Direito processual civil. Embargos de declaração. Contradição entre ementa, página de rosto e conclusão do voto condutor do acórdão. Acolhimento dos embargos para corrigir o erro da ementa e da página de rosto, a fim de que ali se indique o resultado correto do julgamento. **Ademais, tentativa de promover-se, por embargos de declaração, verdadeiro posquestionamento, o que é inadmissível. Precedentes do STJ.** Parcial provimento dos primeiros embargos de declaração. Provimento total dos segundos.

Tribunal de Justiça do Estado do Rio de Janeiro Conselho Recursal dos Juizados Especiais Cíveis e Criminais 3ª Turma Recursal Cível Processo nº: 2009.700.006785-4 16º Juizado Especial Cível da Comarca da Capital Recorrente: Banco Santander Banespa s.a. Recorrido: Marisa Borges dos Santos R e l a t ó r i o Trata-se de recurso inominado contra sentença a quo que julgou procedentes os pedidos para condenar a ré a retirar o aponte do nome da autora dos cadastros restritivos de crédito, ao pagamento de indenização por danos morais da ordem de R$ 4000,00 e ao cancelamento do débito. Segundo narra a parte autora, possui conta-corrente junto à ré, e, esta realizou descontos os quais não reconhece. Que a ré chegou a reembolsa-la dos valores indevidamente descontados, mas, continuou cobrando-lhe juros e encargos, motivo pelo qual permaneceu com saldo devedor. Que seu nome foi apontado aos cadastros restritivos de crédito. Contestação às fls. 45/56. Suscita fato exclusivo de terceiro. Que o fato não geraria danos morais. Sentença às fls. 57/60. Recurso inominado às fls. 65/81. Repisa as teses dos embargos, requerendo a reforma da sentença para que sejam julgados seus pedidos procedentes. Contra-razões às fls. 88/90, prestigiando a sentença. É o relatório. Ementa Direito processual civil Embargos de declaração - Pretensão de prequestionar matéria constitucional não ventilada na petição inicial, contestação ou recurso inominado- Inovação de teses - Impossibilidade - Recurso conhecido e improvido. Voto do Relator Preliminarmente, tenho que os pressupostos processuais de existência e validade do presente recurso se encontram presentes, posto que merece, este, ser conhecido. Sabe-se, desde os bancos discentes, que os embargos de declaração, forma excepcional, fraternal ao erro material, de que o Juízo, exaurido em sua jurisdição, tenha novamente investidura para nova decisão promanar, em correção à inicialmente prolatada. Sabe-se, ainda, que os embargos de declaração são uma forma de se integrar o julgado. Integrar, uma vez que este poderia ter sido omisso, contraditório ou obscuro. Pois bem, tem-se a obscuridade quando o Juízo tenha se manifestado sobre determinada matéria, entretanto, de forma não clara, despida de simplicidade e que não seja de fácil entendimento do leitor leigo. Há a contrariedade quando, no bojo da sentença prolatada, há a manifestação do julgador em uma das linhas suscitadas, mas, no dispositivo, verbi gratia, tem-se a decisão em sentido diametralmente oposto. A omissão, mutatis mutandis, tem a mesma ratio da negligência, dado que é um não agir, um não decidir. Dá-se quando o provimento não enfrenta determinada questão. Ora, relendo o julgado vergastado, em meu humilde entender, não denoto a pecha suscitada. Lendo o processo não denotei, na petição inicial, contestação ou no recurso inominado, sequer, implícito da questão constitucional ora vergastada. Prequestionar é, na elegante cátedra do Des. Freitas Câmara: ".é o prequestionamento (da questão federal, no caso do recurso especial, da questão constitucional, no caso do recurso extraordinário). A ausência deste requisito levará a um juízo negativo de admissibilidade, impedindo-se, assim, a realização do juízo de mérito. **Por prequestionamento quer-se significar a exigência de que a decisão recorrido tenha ventilado a questão (federal ou constitucional) que será objeto de apreciação no recurso especial ou extraordinário. Em outros termos, não se admite que, no recurso especial ou extraordinário, se ventile questão inédita, a qual não tenha sido apreciada pelo órgão a quo.** .assim sendo, é preciso que a matéria objeto do recurso haja sido suscitada em decidida pelo órgão a quo, para que possa ser apreciada no recurso excepcional. Omissa a decisão contra a qual se queira opor o recurso excepcional, faz-se necessária a interposição de embargos de declaração, com o fim de prequestionar a questão federal ou constitucional." Mas, os embargos de declaração somente são o meio hábil para prequestionar questões federais ou constitucionais, quando estas forem trazidas à baila na causa, quer pela inicial ou pela contestação, ou mesmo pelo recurso. Não há como aceitar-se recurso de embargos de declaração com efeito de prequestionar matéria até então não vinculada. É da cátedra de Luiz Orione Neto: ".Todavia, não é possível manejo dos embargos declaratórios para argüir tema constitucional com o fim de possibilitar a abertura da instância excepcional que merecesse ser sanada. É mister, para viabilizar o acesso, que a matéria tenha sido deduzida na oportunidade própria, e o órgão julgador se omita em debatê-la. **Destarte, se ao longo do debate processual instaurado, não se tratou da violação dos temas constitucionais e federais, não é possível, agora, quando já houve um julgado de única ou última instância sobre o litígio, reabrir a discussão** com um dado novo." Seria, como diz o Ministro Humberto Gomes de Barros não prequestionamento, mas pós-questionamento. A fundamentação dos votos que geraram a súmula se deram de forma oral, no momento da sessão, devendo, caso pretendesse sustentar oralmente, até, a recorrente, se fazer presente ao ato, ônus do qual não se desincumbiu. Não há que se falar em contradição, omissão ou obscuridade no caso em tela. É o caso dos autos. Isto posto, conheço dos embargos, e no mérito nego-lhes provimento. É como voto. Rio de Janeiro, 1 de abril de 2009. Marcello Rubioli Juiz de Direito

(TJ-RJ - RI: 00100740920088190203 RJ 0010074-09.2008.8.19.0203, Relator: MARCELLO RUBIOLI, Terceira Turma Recursal, Data de Publicação: 17/04/2009 16:21)

Bernardo Ribeiro Camara, na obra "Recurso Especial e Extraordinário", 2013, págs. 42-43, ao citar Giovanni Mansur Solha Pantuzzo ("Prática dos Recursos Especial e Extraordinário.", 1998, pág. 79), traz o esclarecimento imprescindível:

"A respeito de prequestionamento, a primeira colocação a ser necessariamente feita diz respeito ao momento de sua provocação, a ser buscada desde a primeira instância, devendo ser obrigatoriamente veiculada, de forma expressa, no recurso ou contra-recurso à Segunda instância. Em contundente lição, Samuel Monteiro ressalta que: 'não constando os temas ou as questões do recurso ou contra-recurso ao tribunal de segundo grau local (v.g. apelação, contra-razões, agravo de instrumento e contra-minuta, recurso em sentido estrito e impugnação), tem-se que sobre eles não poderia o tribunal local emitir juízo (prequestionar os temas). Ocorre aí a hipótese de omissão do recorrente (recurso omisso) ou do recorrido (contra-recurso omisso), podendo a imperícia profissional acarretar a responsabilidade civil de quem subscreveu o recurso ou o contra-recurso omissos. O recurso extraordinário ou o recurso especial não serão conhecidos nesta hipótese, mesmo que o recorrente ao STF ou ao STJ tenha oposto em tempo os embargos de declaração (STJ, AG. REG. 7.112/RJ, DJU DE 25.3.91, P. 3.224, TERCEIRA TURMA)."

II.2) Ocorre inexistência de ofensa à legislação federal.

Na fl. 487, no recurso especial, inicia-se o debate sobre artigos que são supostamente violados (**debate que não ocorreu na apelação na forma de pré-questionamento expresso, nítido pós-questionamento!**), vejamos:

a) Art. 42, parágrafo único, do Código de Defesa do Consumidor.

A Recorrente usa como argumento que há violação na medida que o STJ considera indevida a aplicação da dobra quando a cobrança se fundar em cláusula contratual de validade controvertida. A argumentação da Recorrente é absurda e revela extremo desconhecimento do caso concreto, pois se examinada a petição inicial será observado que houve ato ilícito praticado pela Recorrente, TREVO DA SORTE PLANOS DE SAÚDE Z, que aumentou o valor da mensalidade do recorrido **FORA DA PREVISÃO CONTRATUAL,** conforme provado com documentos. Tanto isso é verdade que, após a sentença do juízo de primeiro grau, o recorrido fez questão de opor embargos declaratórios para que o juízo de piso se manifestasse sobre como seria a devolução dos valores pagos indevidamente pela Recorrente TREVO DA SORTE PLANOS DE SAÚDE Z e pela outra empresa MEDICINA DE GRUPO Y, que assumiu a carteira de clientes da Recorrente. A resposta aos embargos foi que a Recorrente TREVO DA SORTE PLANOS DE SAÚDE Z, que aumentou fora do que estava determinado em contrato, violando o conhecido *pacta sunt servanda*, deveria devolver em dobro e a empresa MEDICINA DE GRUPO Y na forma simples! **Portanto, impossível haver violação do art. 42 do CDC por não se amoldar ao caso concreto!**

b) Art. 206, parágrafo primeiro, inciso II, alínea "b" do Código Civil.

Inacreditável a Recorrente alegar violação desse dispositivo do Código Civil que trata de prescrição. A Recorrente quer impor a prescrição ânua! Absurdo! Nunca o STJ se manifestou com uma prescrição ânua para o caso concreto e muito menos faz qualquer sentido adotar essa prescrição considerando que a prescrição genérica do Código Civil é de dez anos, a prescrição típica do Código de Defesa do Consumidor é de cinco anos e a prescrição de enriquecimento ilícito no Código Civil é de três anos. Sendo que o caso concreto traz questões de direito do consumidor, onde há enriquecimento ilícito da

Recorrente. Os fatos do caso ocorreram em menos de três anos para juízo de conhecimento. Qual a justificativa da Recorrente para aplicar essa prescrição ânua? **Argumenta sem observar que houve violação do *pacta sunt servanda*, conforme demonstrado ao juízo de piso e não debatido por recurso no momento oportuno por quem maneja o recurso especial !!!**

c) Artigo 1º, parágrafo segundo, lei 6.899/81.

A Recorrente afirma que restou violado o referido artigo, usando uma fundamentação jurídica teratológica. Combatemos com súmula do STJ referente à correção monetária:

> **Súmula do STJ nº 43 - Incide correção monetária sobre dívida por ato ilícito a partir da data do efetivo prejuízo. (DJ 20.05.1992)**

Não há dúvida que o justo é a aplicação da correção monetária desde o desembolso das quantias pagas a maior, pois o valor do dinheiro que a Recorrente obteve de maneira ilícita, fora de previsão contratual, não é o mesmo sem a correção monetária ser aplicada com o passar do tempo. É uma questão óbvia e que não enfrenta problemas nas decisões dos Tribunais que tem reconhecido a devolução com correção monetária desde a data do desembolso de quantias indevidamente pagas. Se assim não fosse, restaria violado o artigo 884 do Código Civil de 2002, em uma interpretação teleológica do preceito normativo, que veda o enriquecimento ilícito, *in verbis*:

> **Art. 884.** Aquele que, sem justa causa, se enriquecer à custa de outrem, será obrigado a restituir o indevidamente auferido, feita a atualização dos valores monetários.
>
> **Parágrafo único.** Se o enriquecimento tiver por objeto coisa determinada, quem a recebeu é obrigado a restituí-la, e, se a coisa não mais subsistir, a restituição se fará pelo valor do bem na época em que foi exigido.

II.3) A insurgência recursal demanda o revolvimento de todo conjunto fático-probatório dos autos, bem como interpretação de cláusulas contratuais – Incidência das Súmulas 05 e 07 do SUPERIOR TRIBUNAL DE JUSTIÇA.

A sentença do juízo de primeiro grau foi reformada após oposição de embargos declaratórios para determinar que a Recorrente TREVO DA SORTE PLANOS DE SAÚDE Z pagasse valores indevidos em dobro e a outra empresa, que comprou sua carteira de clientes, pagasse os valores indevidos na forma simples, porém nem o juízo de primeiro grau em suas decisões nem o juízo de segundo grau delimitam corretamente os fatos **explicando o motivo pelo qual a Recorrente TREVO DA SORTE PLANOS DE SAÚDE Z deveria ser punida mais gravemente que a outra empresa com a devolução em dobro. Para entender esse motivo, é necessário analisar os fatos novamente**, ou seja, ler a petição inicial e seu conjunto de provas para fazer o correto juízo de valor. A petição inicial identifica grave aumento ilícito praticado **fora de previsão contratual** pela Recorrente! Seria necessário ainda interpretar as cláusulas contratuais com as provas para identificar a majoração contratual ilícita.

Abaixo, julgado do STJ em caso que envolve vícios na delimitação dos aspectos fáticos:

"Não delineado pelo Tribunal de origem os aspectos fáticos adotados para determinar a base de cálculo, o percentual ou o valor fixo dos honorários advocatícios, não pode o STJ emitir juízo de valor a respeito, a fim de concluir se o advogado foi mal ou bem remunerado e ofendidos os dispositivos legais pertinentes. (STJ. REsp. 935.311/SP. Rel. Ministra ELIANA CALMON. 2ª Turma. Julgado em 26/08/2008. DJe 18/09/2008)".

Assim não se pode dar outro entendimento senão o de não se conhecer do recurso interposto.

III) RAZÕES PARA NEGAR PROVIMENTO AO RECURSO ESPECIAL

Caso o recurso especial seja conhecido, o que não se acredita, o recorrido apresenta suas razões de mérito para que o presente recurso seja improvido.

As razões do recurso especial se fundamentam em suposta violação de três dispositivos legais.

Um dispositivo se refere à prescrição, outro à devolução em dobro e o último ao termo inicial para aplicação de correção monetária.

Após a sentença publicada em 28 de abril de 2015, houve embargos declaratórios do recorrido que foram julgados, conforme a sentença abaixo e publicados em 18 de junho de 2015 para tratar da questão da devolução em dobro dos valores pagos FORA DE PREVISÃO CONTRATUAL ocasionados pela Recorrente TREVO DA SORTE PLANOS DE SAÚDE Z:

"Trata-se de Embargos de Declaração interpostos pela 1ª ré, nos termos de fls. 357/361, bem como, interpostos pela parte autora, nos termos de fls. 363/365, os quais passo a apreciar. Devem ambos embargos serem conhecidos, eis que presentes os seus requisitos objetivos e subjetivos. Os Embargos de Declaração, como é de notória sabença, só devem ser manejados quando houver contradição, obscuridade ou omissão na sentença (art. 535 do CPC). Não é este o caso em tela. Art. 535, CPC: Cabem embargos de declaração quando: I - houver, na sentença ou no acórdão, obscuridade ou contradição; II - for omitido ponto sobre o qual devia pronunciar-se o juiz ou tribunal; Sendo assim, no mérito, no que se refere ao recurso interposto pela 1ª ré, conclui-se, portanto, que a Embargante utiliza-se da referida via recursal para rediscutir o mérito da sentença, o que é inadmissível. Assim, uma vez que o referido claramente almeja reformar a sentença pela via inadequada, REJEITO os presentes embargos de declaração. Contudo, no tocante ao recurso interposto pela parte autora, no mérito, verifico que assiste razão a mesma, eis que, em verdade, a sentença lançada às fls. 348/354 apresenta contradição com **relação à devolução em dobro dos valores pagos a maior pela autora, nos termos do art. 42 do CDC.** ISTO POSTO, CONHEÇO dos Embargos de Declaração interpostos, PARA

ACOLHÊ-LOS, a fim de que seja sanada a contradição, devendo ser incluído na sentença embargada o seguinte: '**Condeno ainda a primeira ré (TREVO DA SORTE PLANOS DE SAÚDE Z) a devolver à autora, EM DOBRO, NA FORMA DO ART. 42 DO CDC, os valores pagos a título de aumento de faixa etária, a partir de dezembro de 2011 até setembro de 2013, acrescidos de juros de mora de 1% ao mês da citação e correção monetária de cada desembolso, e condeno a segunda ré (MEDICINA DE GRUPO Y) a devolver à autora os valores pagos a título de aumento de faixa etária, a partir de outubro de 2013, acrescidos de juros de mora de 1% ao mês da citação e correção monetária de cada desembolso.'** No mais, mantenho a sentença como lançada."

Nota-se que a jurisdição ordinária reconheceu a má-fé de uma empresa no polo passivo e não reconheceu a má-fé da outra empresa. Para compreender essa má-fé da presente Recorrente basta reexaminar e interpretar conjuntamente as provas nos autos nas folhas 24 e 35. A folha 24 trata de um comprovante entregue pela própria Recorrente demonstrando aumento na idade de 70 anos da mensalidade do plano de saúde do recorrido e a folha 35 é parte do contrato que impõe o aumento na idade de 71 anos.

Evidenciada a má-fé, nada mais justo a decisão do juízo de piso no sentido de devolução em dobro dos valores indevidos, considerando ainda que o recorrido é duplamente vulnerável idosa com idade avançada e consumidora que desconhece a evolução tecnológica atual, portanto, alvo perfeito para tentativas inescrupulosas de enriquecimento ilícito de terceiros mal intencionados.

Portanto, o art. 42 do CDC, parágrafo único, foi muito bem utilizado pela justiça estadual, merecendo aplausos sua aplicação conforme a lei federal e os precedentes do STJ. A argumentação do recorrido é tendenciosa, omissiva e falsa, típico *jus esperneandi* com caráter protelatório, o que merece reprimenda.

Quanto ao art. 206, parágrafo primeiro, inciso II, alínea "b" do Código Civil não é cabível sua aplicação para o caso concreto de devolução em dobro de indébitos, pois ao aplicar a interpretação literal dos dispositivos civis que tratam de prescrição não se alcança jamais a prescrição de um ano que a Recorrente quer para reduzir os prejuízos que terá que arcar em razão do aumento de mensalidade FORA DE PREVISÃO CONTRATUAL. Não há sequer um precedente do STJ no sentido de prescrição ânua para o caso em tela. **Vale aplicar a técnica do *DISTINGUISH*, claro que a pretensão do segurado contra o segurador que trata o dispositivo legal é de receber o serviço contratado e não a pretensão de receber de volta valores devidos em razão de erros de cobrança ilícita em mensalidades**. Ainda que houvesse alteração para reconhecer uma prescrição menor para o caso, o máximo que se alcançaria seriam três anos (prescrição referente a enriquecimento ilícito), o que não muda os efeitos para o caso que trata de fatos ocorridos em menos de três anos antes do ajuizamento da demanda.

Encerramos o debate com o Artigo 1º, parágrafo segundo, lei 6.899/81 que não restou violado, pois lei vigente posterior, o Código Civil de 2002 veda o enriquecimento ilícito no art. 884, merecendo a correção monetária ser cobrada desde a data do efetivo prejuízo para atender os fins da norma civil. É mesmo medida de evidente justiça, valor que deve ser protegido pelos guardiões da lei civil.

IV) DO PREQUESTIONAMENTO

Desde já, o recorrido prequestiona todos os dispositivos constitucionais constantes destas contrarrazões, das sentenças *a quo* e dos acórdãos *ad quem* para fins de eventual recurso para o STF.

Prequestiona a vigência do direito à igualdade previsto no art. 5º, caput, da Constituição Federal, caso seja dado tratamento diferente para o recorrido nos casos de violação do *pacta sunt servanda*.

V) DA LITIGANCIA DE MÁ-FÉ

Usando do artifício do "*JUS ESPERNEANDI*", a Recorrente, não encontrando meios para prover sua defesa, diante de seus injustificados atos, **tenta conduzir os**

Eméritos julgadores ao erro, fazendo parecer que o recorrido não fez prova de suas alegações ou que o direito civil do caso em tela não deve ser aplicado em favor da vítima da relação falha de consumo.

Todavia, resta comprovado nos autos, conforme demonstrado no início desta defesa, que a Recorrente fracassou no seu dever de respeitar os limites contratuais ao permitir falhas na efetivação do contrato tanto realizando aumento sem previsão contratual como com previsão em conflito com a legislação pátria confirmada pelos Tribunais, gerando prejuízos evidentes para o recorrido, hipossuficiente técnica e economicamente.

Diante de todo o exposto, a Recorrente não conseguindo encontrar outros meios, com **INTUITO PROCRASTINATÓRIO** recorreu da r. decisão do Tribunal Estadual.

Desta maneira, vislumbramos que o presente recurso especial não possui nenhum fundamento capaz de modificar o que já foi decidido, ao contrário conduz a uma sequência de pensamentos e ideias equivocados, portanto, tenta-se DESVIRTUAR A APLICAÇÃO DO DIREITO PÁTRIO.

Ressalta-se que apesar de ser um direito, o acesso à jurisdição do STJ não foi criado para permitir que os vencidos dilatem os prazos para cumprimento dos acórdãos, pelo contrário!

Contudo, esse direito deve ser exercido de maneira coerente, não sendo permitido à Recorrente pleitear reformas de decisões sem um mínimo de respaldo, apenas para protelar. Será que há alguma dúvida que o verdadeiro interesse da Recorrente é **procrastinar**?

Vale lembrar o Código de Defesa do Consumidor:

> Art. 6º São direitos básicos do consumidor:
>
> VI - a efetiva prevenção e reparação de danos patrimoniais e morais, individuais, coletivos e difusos;

VII - o acesso aos órgãos judiciários e administrativos com vistas à prevenção ou reparação de danos patrimoniais e morais, individuais, coletivos ou difusos, assegurada a proteção Jurídica, administrativa e técnica aos necessitados

Assim, não existindo nenhuma razão fática e lógica que possa sustentar os argumentos da Recorrente, a mesma deve ser condenada por litigância de má-fé.

> REsp 830956 / AL
> Ministro ALDIR PASSARINHO JUNIOR
> DJ 28.05.2007 p. 355
> CIVIL E PROCESSUAL. AÇÃO DE INDENIZAÇÃO. RESPONSABILIDADE RECONHECIDA PELO TRIBUNAL DE 2º GRAU. LITIGÂNCIA DE MÁ-FÉ IDENTIFICADA. INTUITO PROCRASTINATÓRIO EVIDENCIADO. PENALIDADE. CABIMENTO. REEXAME DOS FATOS. SÚMULA N. 7/STJ. DANO MORAL. CONFIGURAÇÃO. VALOR DO RESSARCIMENTO. FIXAÇÃO EM PATAMAR RAZOÁVEL. REDUÇÃO INCABÍVEL. JUROS MORATÓRIOS. CONTAGEM. SÚMULA N. 54-STJ.
> I - Identificado o propósito de procrastinar a solução da lide pelo Tribunal a quo, que ensejou a imposição da multa por litigância de má-fé, a conclusão em contrário depende do reexame do conteúdo fático da causa, vedada pela Súmula n. 7-STJ.
> II. Indenização fixada em valor razoável, não justificando a excepcional intervenção do STJ a respeito.
> III. Os juros de mora têm início a partir do evento danoso, nas indenizações por ato ilícito, ao teor da Súmula n. 54 do STJ.
> IV. Recurso especial não conhecido.

VI) DA FIXAÇÃO DE HONORÁRIOS ADVOCATÍCIOS:

Diante da necessidade de produção das presentes Contrarrazões, maior zelo e diligência do procurador do recorrido, o valor deve ser proporcional ao trabalho exigido, considerando que o trabalho é valor constitucional e motor de desenvolvimento do país.

VII) CONCLUSÕES E PEDIDOS

Está claramente demonstrada a impossibilidade de conhecimento e provimento do recurso especial diante de total inexistência de pressupostos de sua admissibilidade e ante a ausência de fundamentação jurídica plausível, uma vez que:

- O Superior Tribunal de Justiça não pode aceitar recursos especiais sem o devido pré-questionamento. Recursos pós-questionados não são admitidos;

- Não houve ofensa aos artigos: 42, parágrafo único, do Código de Defesa do Consumidor, 206, parágrafo primeiro, inciso II, alínea "b" do Código Civil e 1°, parágrafo segundo, da lei 6.899/81;

- O Superior Tribunal de Justiça não é instância revisora de matéria fática – Incidência das Súmulas 5 e 7 do STJ.

Diante do todo exposto, requer:

1. Preliminarmente, o não conhecimento do recurso especial, porque inexistentes seus pressupostos de admissibilidade;

2. Meritoriamente, *ad argumentandum*, na hipótese de admissão de recurso e análise do mérito, o seu improvimento;

3. A condenação por litigância de má-fé da Recorrente com os efeitos previstos no CPC vigente;

4. O pagamento de honorários advocatícios em valor justo.

Nestes Termos,

Pede Deferimento.

CIDADE, DATA

NOME DO ADVOGADO

OAB DO ADVOGADO

2.2 Contrarrazões de recurso extraordinário para o STF

EXMO. SR. DR. DESEMBARGADOR TERCEIRO VICE-PRESIDENTE DO TRIBUNAL DE JUSTIÇA DO ESTADO DO _____

Ref.: Apelação Cível n.º: NÚMERO DA APELAÇÃO

PRIORIDADE DE TRAMITAÇÃO: pessoa idosa

NOME DO RECORRIDO, devidamente qualificada nos autos da Apelação Cível em epígrafe, que figura como apelante **TREVO DA SORTE PLANOS DE SAÚDE Z LTDA.**, vem, respeitosa e tempestivamente, à presença de Vossa Excelência, através do patrono *in fine* subscrito, apresentar:

CONTRARRAZÕES AO RECURSO EXTRAORDINÁRIO

consoante as relevantes argumentações a seguir aduzidas, que roga a Vossa Excelência que se digne a receber e mandar processar na forma da lei.

Nestes Termos,

Pede Deferimento.

CIDADE, DATA

NOME DO ADVOGADO

OAB DO ADVOGADO

CONTRARRAZÕES DE RECURSO EXTRAORDINÁRIO

Recorrente: TREVO DA SORTE PLANOS DE SAÚDE Z LTDA.
Recorrido: NOME DO RECORRIDO

Egrégio Supremo Tribunal Federal,
Colenda Turma,
Eméritos Ministros

I) DA TEMPESTIVIDADE

As presentes contrarrazões de recurso extraordinário são tempestivas, considerando que a intimação para o recorrido se manifestar ocorreu em 12/02/2016, tendo ocorrida a manifestação em 14/02/2016, portanto, antes do prazo processual de 15 dias prescrito no art. 1.003, parágrafo 5°, do CPC vigente na data da apresentação destas contrarrazões.

II) PRELIMINARMENTE – RAZÕES PARA NÃO CONHECER DO RECURSO EXTRAORDINÁRIO

O recurso extraordinário é inadmissível por ausência de seus pressupostos de admissibilidade, uma vez que:

1) Há ausência do competente prequestionamento. Em seu lugar, aparece o inaceitável pós-questionamento;

2) Manifesta-se ausência de repercussão geral da matéria;

3) Ocorre inexistência de ofensa direta à Constituição Federal;

4) A insurgência recursal demanda o revolvimento de todo conjunto fático-probatório dos autos.

É o que se passa a expor:

II.1)   Há ausência do competente prequestionamento. Em seu lugar, aparece o inaceitável pós-questionamento.

Não se pode confundir prequestionar com pós-questionar, conforme lições de Bernardo Ribeiro Camara em sua obra "Recurso Especial e Extraordinário".

As matérias, consideradas violadas, levantadas pela Recorrente no recurso extraordinário deveriam ter sido ventiladas **antes de proferido o acórdão referente à apelação**. Houve, portanto, o fenômeno jurídico conhecido como pós-questionamento, inadmissível, pois quebra toda lógica processual e **desconfigura o instituto da preclusão**.

Em um simples exame da peça de apelação interposta pela Recorrente, fls. 377-401, verifica-se, facilmente, que não há em nenhuma parte do texto a preocupação e zelo em prequestionar qualquer matéria de índole constitucional, afirmando uma possível violação de dispositivo da Constituição. A contestação de fls. 122-158 também é carente de qualquer debate sobre violação de dispositivos da Constituição. A ausência do debate da violação de dispositivos constitucionais na apelação é suficiente para a inadmissibilidade do recurso extraordinário! Não vale iniciar o debate de violação da Constituição a partir dos embargos declaratórios opostos em face do acórdão que decidiu sobre a apelação. Evidente preclusão!

Vejamos julgados nesse sentido, que tratam do pós-questionamento, identificado no caso em tela como óbice para admissibilidade do recurso extraordinário:

Julgado do STF (apenas trecho):

> (...)9. Os Embargos de Declaração interpostos por IAP S.A. e ESTADO DE SÃO PAULO foram rejeitados, cuja ementa do acórdão é a seguinte (fls. 275):" **PROCESSUAL - EMBARGOS DECLARATÓRIOS -PREQUESTIONAMENTO - PÓS-QUESTIONAMENTO.** Embargos declaratórios opostos

após a formação do acórdão, com o escopo de prequestionar tema não agitado anteriormente, no processo.Na hipótese, não haveria 'prequestionamento',mas 'pós-questionamento'.O Direito Processual brasileiro não admite embargos declaratórios para pós-questionar temas estranhos ao debate. "(...)21. No segundo recurso extraordinário, interposto contra a decisão do Superior Tribunal de Justiça, tem-se que a contrariedade ou ofensa à Constituição Federal não se verifica direta e frontalmente. Portanto, a necessidade de análise prévia de norma infraconstitucional inviabiliza-o.22. Em face do exposto, com apoio no art. 38, da Lei n.º 8.038, de 1990, combinado com o art. 21, § 1º, do Regimento Interno,nego seguimento ao recurso. Brasília, 13 de agosto de 1998.MINISTRO NÉRI DA SILVEIRA Relator 8

(STF - RE: 193135 SP, Relator: Min. NÉRI DA SILVEIRA, Data de Julgamento: 13/08/1998, Data de Publicação: DJ DATA-03-09-98 P-00011)

Julgados do próprio TJ-RJ (grifo nosso):

<u>TJ-RJ - APELAÇÃO APL 00019944020128190066 RJ 0001994-40.2012.8.19.0066 (TJ-RJ)</u>
Data de publicação: 10/10/2014
Ementa: Direito processual civil. Embargos de declaração. Contradição entre ementa, página de rosto e conclusão do voto condutor do acórdão. Acolhimento dos embargos para corrigir o erro da ementa e da página de rosto, a fim de que ali se indique o resultado correto do julgamento. **Ademais, tentativa de promover-se, por embargos de declaração, verdadeiro posquestionamento, o que é inadmissível. Precedentes do STJ.** Parcial provimento dos primeiros embargos de declaração. Provimento total dos segundos.

Tribunal de Justiça do Estado do Rio de Janeiro Conselho Recursal dos Juizados Especiais Cíveis e Criminais 3ª Turma Recursal Cível Processo nº: 2009.700.006785-4 16º Juizado Especial Cível da Comarca da Capital Recorrente: Banco Santander Banespa s.a. Recorrido: Marisa Borges dos Santos R e l a t ó r i o Trata-se de recurso inominado contra sentença a quo que julgou procedentes os pedidos para condenar a ré a retirar o aponte do nome da autora dos cadastros restritivos de crédito, ao pagamento de indenização por danos morais da ordem de R$ 4000,00 e ao cancelamento do débito. Segundo narra a parte autora, possui conta-corrente junto à ré, e, esta realizou descontos os quais não reconhece. Que a ré chegou a reembolsa-la dos valores indevidamente descontados, mas, continuou cobrando-lhe juros e encargos, motivo pelo qual permaneceu com saldo devedor. Que seu nome foi apontado aos cadastros restritivos de crédito. Contestação às fls. 45/56. Suscita fato exclusivo de terceiro. Que o fato não geraria danos morais. Sentença às fls. 57/60. Recurso inominado às fls. 65/81. Repisa as teses dos embargos, requerendo a reforma da sentença para que sejam julgados seus pedidos procedentes. Contra-razões às fls. 88/90, prestigiando a sentença. É o relatório. Ementa Direito processual civil Embargos de declaração - Pretensão de prequestionar matéria constitucional não ventilada na petição inicial, contestação ou recurso inominado- Inovação de teses - Impossibilidade - Recurso conhecido e improvido. Voto do Relator Preliminarmente, tenho que os pressupostos processuais de existência e validade do presente recurso se encontram presentes, posto que merece, este, ser conhecido. Sabe-se, desde os bancos discentes, que os embargos de declaração, forma excepcional, fraternal ao erro material, de que o Juízo, exaurido em sua jurisdição, tenha novamente investidura para nova decisão promanar, em correção à inicialmente prolatada. Sabe-se, ainda, que os embargos de declaração são uma forma de se integrar o julgado. Integrar, uma vez que este poderia ter sido omisso, contraditório ou obscuro. Pois bem, tem-se a obscuridade quando o Juízo tenha se manifestado sobre determinada matéria, entretanto, de forma não clara, despida de simplicidade e que não seja de fácil entendimento do leitor leigo. Há a contrariedade quando, no bojo da sentença prolatada, há a manifestação do julgador em uma das linhas suscitadas, mas, no dispositivo, verbi gratia, tem-se a decisão em sentido diametralmente oposto. A omissão, mutatis mutandis, tem a mesma ratio da negligência, dado que é um não agir, um não decidir. Dá-se quando o provimento não enfrenta determinada questão. Ora, relendo o julgado vergastado, em meu humilde entender, não denoto a pecha suscitada. Lendo o processo não denotei, na petição inicial, contestação ou no recurso inominado, sequer, implícito da questão constitucional ora vergastada. Prequestionar é, na elegante cátedra do Des. Freitas Câmara: ".é o prequestionamento (da questão federal, no caso do recurso especial, da questão constitucional, no caso do recurso extraordinário). A ausência deste requisito levará a um juízo negativo de admissibilidade, impedindo-se, assim, a realização do juízo de mérito. **Por prequestionamento quer-se significar a exigência de que a decisão recorrido tenha ventilado a questão (federal ou constitucional) que será objeto de apreciação no recurso especial ou extraordinário. Em outros termos, não se admite que, no recurso especial ou extraordinário, se ventile questão inédita, a qual não tenha sido apreciada pelo órgão a quo.** .assim sendo, é preciso que a matéria objeto do recurso haja sido suscitada em decidida pelo órgão a quo, para que possa ser apreciada no recurso excepcional. Omissa a decisão contra a qual se queira opor o recurso excepcional, faz-se necessária a interposição de embargos de declaração, com o fim de prequestionar a questão federal ou constitucional." Mas, os embargos de declaração somente são o meio hábil para prequestionar questões federais ou constitucionais, quando estas forem trazidas à baila na causa, quer pela inicial ou pela contestação, ou mesmo pelo recurso. Não há como aceitar-se recurso de embargos de declaração com efeito de prequestionar matéria até então não vinculada. É da cátedra de Luiz Orione Neto: ".Todavia, não é possível manejo dos embargos declaratórios para argüir tema constitucional com o fim de possibilitar a abertura da instância excepcional que merecesse ser sanada. É mister, para viabilizar o acesso, que a matéria tenha sido deduzida na oportunidade própria, e o órgão julgador se omita em debatê-la. **Destarte, se ao longo do debate processual instaurado, não se tratou da violação dos temas constitucionais e federais, não é possível, agora, quando já houve um julgado de única ou última instância sobre o litígio, reabrir a discussão com um dado novo."** Seria, como diz o Ministro Humberto Gomes de Barros não prequestionamento, mas pós-questionamento. A fundamentação dos votos que geraram a súmula se deram de forma oral, no momento da sessão, devendo, caso pretendesse sustentar oralmente, até, a recorrente, se fazer presente ao ato, ônus do qual não se desincumbiu. Não há que se falar em contradição, omissão ou obscuridade no caso em tela. É o caso dos autos. Isto posto, conheço dos embargos, e no mérito nego-lhes provimento. É como voto. Rio de Janeiro, 1 de abril de 2009. Marcello Rubioli Juiz de Direito

(TJ-RJ - RI: 00100740920088190203 RJ 0010074-09.2008.8.19.0203, Relator: MARCELLO RUBIOLI, Terceira Turma Recursal, Data de Publicação: 17/04/2009 16:21)

Bernardo Ribeiro Camara, na obra "Recurso Especial e Extraordinário", 2013, págs. 42-43, ao citar Giovanni Mansur Solha Pantuzzo ("Prática dos Recursos Especial e Extraordinário.", 1998, pág. 79), traz o esclarecimento imprescindível:

"A respeito de prequestionamento, a primeira colocação a ser necessariamente feita diz respeito ao momento de sua provocação, a ser buscada desde a primeira instância, devendo ser obrigatoriamente veiculada, de forma expressa, no recurso ou contra-recurso à Segunda instância. Em contundente lição, Samuel Monteiro ressalta que: 'não constando os temas ou as questões do recurso ou contra-recurso ao tribunal de segundo grau local (v.g. apelação, contra-razões, agravo de instrumento e contra-minuta, recurso em sentido estrito e impugnação), tem-se que sobre eles não poderia o tribunal local emitir juízo (prequestionar os temas). Ocorre aí a hipótese de omissão do recorrente (recurso omisso) ou do recorrido (contra-recurso omisso), podendo a imperícia profissional acarretar a responsabilidade civil de quem subscreveu o recurso ou o contra-recurso omissos. O recurso extraordinário ou o recurso especial não serão conhecidos nesta hipótese, mesmo que o recorrente ao STF ou ao STJ tenha oposto em tempo os embargos de declaração (STJ, AG. REG. 7.112/RJ, DJU DE 25.3.91, P. 3.224, TERCEIRA TURMA)."

II.2) Manifesta-se ausência de repercussão geral da matéria;

Na fls. 505-506, no recurso extraordinário, a Recorrente faz alegações falhas. Em primeiro lugar, não há repercussão geral, por vários motivos. A questão não é relevante do ponto de vista econômico, político, social ou jurídico, pois trata de um caso complexo de violações contratuais que se inicia com majoração da mensalidade de plano de saúde do recorrido **SEM PREVISÃO CONTRATUAL**, o que naturalmente enseja reprimenda de qualquer instância judicial, utilizando qualquer diploma civil mais completo, seja o Código Civil de 2002 que veda o enriquecimento ilícito, seja o Código de Defesa do Consumidor que veda abusos praticados pelo fornecedor de serviços, sejam outros diplomas extravagantes que protegem o recorrido. Isso gera insegurança jurídica para a comunidade? Tem alguma relação com a ADIN 1931/DF? Evidente que as respostas são **negativas**. Não se deve confundir o caso concreto com um caso puro de mero aumento por mudança de faixa etária de idoso, portanto sequer a legislação do Estatuto do Idoso ou a lei dos planos de saúde seriam necessárias para combater a ilegalidade inicial perpetrada pela Recorrente.

Em segundo lugar, o que a Recorrente pretende é atender mero interesse subjetivo para não precisar arcar com os custos de seus atos contrários à previsão contratual original! Não caracterizada, portanto, a repercussão geral para o caso concreto.

O STF já se pronunciou **negando repercussão geral** para caso puro de aumento de plano de saúde de idoso DENTRO DE PREVISÃO CONTRATUAL, vejamos (grifo nosso):

> RECURSO EXTRAORDINÁRIO COM AGRAVO. CIVIL E CONSUMIDOR. PLANO DE SAÚDE. REAJUSTE POR FAIXA ETÁRIA. IMPOSSIBILIDADE DE REEXAME DO CONJUNTO PROBATÓRIO E DE CLÁUSULAS CONTRATUAIS: INCIDÊNCIA DAS SÚMULAS NS. 279 E 454 DO SUPREMO TRIBUNAL FEDERAL. AUSÊNCIA DE OFENSA CONSTITUCIONAL DIRETA. APLICABILIDADE DO ESTATUTO DO IDOSO AOS CONTRATOS

ANTERIORES À SUA VIGÊNCIA. AUSÊNCIA DE REPERCUSSÃO GERAL: RECURSO EXTRAORDINÁRIO N. 630.852. AGRAVO AO QUAL SE NEGA SEGUIMENTO.Relatório 1. Agravo nos autos principais contra inadmissão de recurso extraordinário interposto com base no art. 102, inc. III, al. a, da Constituição da República contra o seguinte julgado da Quinta Turma Recursal do Juizados Especiais da Bahia: "RELAÇÃO DE CONSUMO. AÇÃO DE OBRIGAÇÃO DE FAZER. PLANO DE SAÚDE ENVOLVENDO PESSOA IDOSA. REAJUSTE DE MENSALIDADE EM FUNÇÃO DE MUDANÇA DE FAIXA ETÁRIA. RECONHECIMENTO DA ABUSIVIDADE DO AUMENTO PRETENDIDO PELA OPERADORA DO PLANO DE SAÚDE POR MALFERIR NORMAS E PRINCÍPIOS CONSAGRADOS DO CDC E NO ESTATUTO DO IDOSO. MANUTENÇÃO INTEGRAL DA SENTENÇA. NÃO PROVIMENTO DO RECURSO" (Evento n. 18). 2. A Agravante alega contrariedade aos arts. 5º, incs. XXXV, XXXVI, LIV, LV, e 93, inc. IX, da Constituição da República. Assevera, no recurso extraordinário, que "os aumentos das contribuições dos planos coletivos não se encontram vinculados ao índice de reajuste que a ANS determina aos demais planos individuais, mas sim às necessidades de manutenção do equilíbrio econômico do programa e à real necessidade, desde que comprovada por estudo atuarial" (Evento n. 3). Sustenta a inaplicabilidade da Lei n. 10.741/2003 "aos contratos de planos privados de assistência à saúde firmados anteriormente à [sua] vigência" (Evento n. 3). Na petição de agravo, a Agravante reitera os argumentos formulados no recurso extraordinário e defende a ofensa direta à Constituição da República. 3. O Tribunal de origem inadmitiu o recurso extraordinário ao fundamento de incidência da Súmula n. 454 do Supremo Tribunal Federal. Examinados os elementos havidos nos autos, DECIDO. 4. O art. 544 do Código de Processo Civil, com as alterações da Lei n. 12.322/2010, estabeleceu que o agravo contra inadmissão de recurso extraordinário processa-se nos autos do recurso, ou seja, sem a necessidade de formação de instrumento, sendo este o caso. Analisam-se, portanto, os argumentos postos no agravo, de cuja decisão se terá, na sequência, se for o caso, exame do recurso extraordinário. 5. Razão jurídica não assiste à Agravante. 6. A alegação de contrariedade ao art. 93, inc. IX, da Constituição da República não pode prosperar. Embora em sentido contrário à pretensão da Agravante, o acórdão recorrido apresentou suficiente fundamentação. Firmou-se na jurisprudência deste Supremo Tribunal: "O que a Constituição exige, no art. 93, IX, é que a decisão judicial seja fundamentada; não, que a fundamentação seja correta, na solução das questões de fato ou de direito da lide: declinadas no julgado as premissas, corretamente assentadas ou não, mas coerentes com o dispositivo do acórdão, está satisfeita a exigência constitucional" (RE 140.370, Relator o Ministro Sepúlveda Pertence, Primeira Turma, DJ 21.5.1993). 7. A apreciação do pleito recursal demandaria análise do conjunto probatório constante dos autos e da cláusula do contrato firmado entre as partes, inviável de ser adotado validamente em recurso extraordinário, conforme dispõem as Súmulas ns. 279 e 454 do Supremo Tribunal Federal: "DIREITO CIVIL E DO CONSUMIDOR. PLANO DE SAÚDE. REAJUSTE DE MENSALIDADE. MATÉRIA INFRACONSTITUCIONAL. INTERPRETAÇÃO DE CONTRATO. ÓBICE DA SÚMULA 454/STF. ALEGAÇÃO DE OFENSA AO ART. 5º, II E XXXVI, DA LEI MAIOR. EVENTUAL VIOLAÇÃO REFLEXA DA CONSTITUIÇÃO DA REPÚBLICA NÃO VIABILIZA O MANEJO DE RECURSO EXTRAORDINÁRIO. ACÓRDÃO RECORRIDO DISPONIBILIZADO EM 22.6.2012. O exame da alegada ofensa ao art. 5º, II e XXXVI, da Constituição Federal dependeria de prévia análise da legislação infraconstitucional aplicada à espécie, o que refoge à competência jurisdicional extraordinária, prevista no art. 102 da Constituição Federal. A análise da ocorrência de eventual afronta aos preceitos constitucionais invocados no apelo extremo demandaria a análise da legislação infraconstitucional e das cláusulas contratuais, o que é vedado a esta instância extraordinária. Aplicação da Súmula 454/STF: 'Simples interpretação de cláusulas contratuais não dá lugar a recurso extraordinário'.Precedentes. Agravo regimental conhecido e não provido" (RE 750.324-AgR, RE 750.324-AgR, Relatora a Ministra Rosa Weber, Primeira Turma, DJe 8.11.2013). "AGRAVO REGIMENTAL NO RECURSO EXTRAORDINÁRIO COM AGRAVO. DIREITO DO CONSUMIDOR. PLANO DE SAÚDE. MENSALIDADE. MAJORAÇÃO. FUNDAMENTO INFRACONSTITUCIONAL. OFENSA CONSTITUCIONAL INDIRETA. AGRAVO REGIMENTAL AO QUAL SE NEGA PROVIMENTO" (ARE 742.768-AgR,de minha relatoria, Segunda Turma, DJe 13.6.2013). "AGRAVO REGIMENTAL NO RECURSO EXTRAORDINÁRIO. CONSUMIDOR. PLANO DE SAÚDE. MATÉRIA INFRACONSTITUCIONAL: OFENSA CONSTITUCIONAL INDIRETA. NECESSIDADE DE REEXAME DE PROVAS E DE CLÁUSULAS CONTRATUAIS: SÚMULAS NS. 279 E 454 DO SUPREMO TRIBUNAL FEDERAL.AGRAVO REGIMENTAL AO QUAL SE NEGA PROVIMENTO" (RE 797.343-AgR, de minha relatoria, Segunda Turma, DJe 4.4.2014). "AGRAVO REGIMENTAL NO RECURSO EXTRAORDINÁRIO COM AGRAVO. DIREITO DO CONSUMIDOR. PLANO DE ASSISTÊNCIA À SAÚDE. REAJUSTE POR FAIXA ETÁRIA. ANÁLISE DE LEGISLAÇÃO INFRACONSTITUCIONAL E INTERPRETAÇÃO DE CLÁUSULAS CONTRATUAIS. SÚMULA 454/STF. PRECEDENTES.OFENSA REFLEXA. 1. O reajuste por faixa etária dos planos de saúde, quando sub judice a controvérsia, implica a análise da legislação infraconstitucional aplicável à espécie, bem como a interpretação de cláusulas contratuais, o que torna inviável o recurso extraordinário a teor do Enunciado da Súmula 454 do Supremo Tribunal Federal, verbis:

"Simples interpretação de cláusulas contratuais não dá lugar a recurso extraordinário". Precedentes: AI 633.761-AgR, Rel. Min. Ayres Britto, Segunda Turma DJe de 20/4/2012, e RE 797.343-AgR, Rel. Min. Cármen Lúcia, Segunda Turma, DJe 25/03/2014. 2. In casu, o acórdão extraordinariamente recorrido manteve a sentença por seus próprios fundamentos, a qual julgou improcedente o pedido formulado nos seguintes termos: "Logo em havendo previsão expressa dos percentuais de aumento em caso de deslocamento da faixa etária no contrato firmado entre as partes, o que possibilitou a parte autora a opção de contratar ou não a ré, outra alternativa não resta senão a improcedência. Ante o exposto, julgo improcedente a presente ação." 3. Agravo regimental DESPROVIDO" (ARE 810.615-AgR, Relator o Ministro Luiz Fux, Primeira Turma, DJe 2.9.2014) 8. No julgamento do Recurso Extraordinário n. 630.852, Relatora a Ministra Ellen Gracie, este Supremo Tribunal assentou inexistir repercussão geral sobre a questão relativa à "aplicação do Estatuto do Idoso [Lei n. 10.741/2003], a contrato de plano de saúde firmado anteriormente a sua vigência" (Tema n. 381): "PLANO DE SAÚDE. AUMENTO DA CONTRIBUIÇÃO EM RAZÃO DE INGRESSO EM FAIXA ETÁRIA DIFERENCIADA. APLICAÇÃO DA LEI 10.741/03 (ESTATUTO DO IDOSO) A CONTRATO FIRMADO ANTES DA SUA VIGÊNCIA. EXISTÊNCIA DE REPERCUSSÃO GERAL" (DJe 31.5.2011). **Declarada a ausência de repercussão geral, os recursos extraordinários e agravos suscitando a mesma questão constitucional devem ter o seu seguimento negado pelos respectivos relatores, conforme o art. 327, § 1º, do Regimento Interno do Supremo Tribunal Federal. Nada há, pois, a prover quanto às alegações da Agravante.** 9. Pelo exposto, nego seguimento ao agravo (art. 544, § 4º, inc. II, al. a, do Código de Processo Civil e art. 21, § 1º, do Regimento Interno do Supremo Tribunal Federal). Publique-se. Brasília, 16 de fevereiro de 2015.Ministra CÁRMEN LÚCIARelatora

(STF - ARE: 862148 BA, Relator: Min. CÁRMEN LÚCIA, Data de Julgamento: 16/02/2015, Data de Publicação: DJe-034 DIVULG 20/02/2015 PUBLIC 23/02/2015)

II.3) Ocorre inexistência de ofensa direta à Constituição.

Na fl. 506, no recurso extraordinário, inicia-se o debate sobre artigo que é supostamente violado (**debate que não ocorreu na apelação na forma de pré-questionamento expresso, nítido pós-questionamento!**), vejamos:

a) Art. 5º, XXXVI, da CF/88.

A argumentação da Recorrente é absurda e revela extremo desconhecimento do caso concreto, pois se examinada a petição inicial será observado que houve ato ilícito praticado pela Recorrente, TREVO DA SORTE PLANOS DE SAÚDE Z, que aumentou o valor da mensalidade do recorrido **FORA DA PREVISÃO CONTRATUAL**, conforme provado com documentos. Tanto isso é verdade que, após a sentença do juízo de primeiro grau, o recorrido fez questão de opor embargos declaratórios para que o juízo de piso se manifestasse sobre como seria a devolução dos valores pagos indevidamente pela Recorrente TREVO DA SORTE PLANOS DE SAÚDE Z e pela outra empresa MEDICINA DE GRUPO Y, que assumiu a carteira de clientes da Recorrente. A resposta aos embargos foi que a Recorrente TREVO DA SORTE PLANOS DE SAÚDE Z, que aumentou fora do que estava determinado em contrato, violando o conhecido *pacta sunt servanda*, deveria devolver em dobro e a empresa MEDICINA DE GRUPO Y na forma simples! **Portanto, impossível haver violação do art. 5º, XXXVI, da CF/88 por não se amoldar perfeitamente ao caso concreto!**

Além disso, vejamos entendimento recente do STF, verdadeira pá de cal nas pretensões da Recorrente, para um caso mais simples e de aplicação do Estatuto do Idoso para contratos antigos de plano de saúde (grifo nosso):

> DECISÃO RECURSO EXTRAORDINÁRIO COM AGRAVO. CIVIL E CONSUMIDOR. PLANO DE SAÚDE. REAJUSTE POR FAIXA ETÁRIA. IMPOSSIBILIDADE DE REEXAME DO CONJUNTO PROBATÓRIO E DE CLÁUSULAS CONTRATUAIS: INCIDÊNCIA DAS SÚMULAS NS. 279 E 454 DO SUPREMO TRIBUNAL FEDERAL. AUSÊNCIA DE OFENSA CONSTITUCIONAL DIRETA. APLICABILIDADE DO ESTATUTO DO IDOSO AOS CONTRATOS ANTERIORES À SUA VIGÊNCIA. AUSÊNCIA DE REPERCUSSÃO GERAL: RECURSO EXTRAORDINÁRIO N. 630.852. AGRAVO AO QUAL SE NEGA SEGUIMENTO. Relatório 1. Agravo nos autos principais contra inadmissão de recurso extraordinário interposto com base no art. 102, inc. III, al. a, da Constituição da República contra o seguinte julgado da Quinta Turma Recursal do Juizados Especiais da Bahia: "RELAÇÃO DE CONSUMO. AÇÃO DE OBRIGAÇÃO DE FAZER. PLANO DE SAÚDE ENVOLVENDO PESSOA IDOSA. REAJUSTE DE MENSALIDADE EM FUNÇÃO DE MUDANÇA DE FAIXA ETÁRIA. RECONHECIMENTO DA ABUSIVIDADE DO AUMENTO PRETENDIDO PELA OPERADORA DO PLANO DE SAÚDE POR MALFERIR

NORMAS E PRINCÍPIOS CONSAGRADOS DO CDC E NO ESTATUTO DO IDOSO. MANUTENÇÃO INTEGRAL DA SENTENÇA. NÃO PROVIMENTO DO RECURSO" (Evento n. 18). 2. A Agravante alega contrariedade aos arts. 5º, incs. XXXV, XXXVI, LIV, LV, e 93, inc. IX, da Constituição da República. Assevera, no recurso extraordinário, que "os aumentos das contribuições dos planos coletivos não se encontram vinculados ao índice de reajuste que a ANS determina aos demais planos individuais, mas sim às necessidades de manutenção do equilíbrio econômico do programa e à real necessidade, desde que comprovada por estudo atuarial" (Evento n. 3). **Sustenta a inaplicabilidade da Lei n. 10.741/2003 "aos contratos de planos privados de assistência à saúde firmados anteriormente à [sua] vigência" (Evento n. 3)**. Na petição de agravo, a Agravante reitera os argumentos formulados no recurso extraordinário e defende a ofensa direta à Constituição da República. 3. O Tribunal de origem inadmitiu o recurso extraordinário ao fundamento de incidência da Súmula n. 454 do Supremo Tribunal Federal. Examinados os elementos havidos nos autos, DECIDO. 4. O art. 544 do Código de Processo Civil, com as alterações da Lei n. 12.322/2010, estabeleceu que o agravo contra inadmissão de recurso extraordinário processa-se nos autos do recurso, ou seja, sem a necessidade de formação de instrumento, sendo este o caso. Analisam-se, portanto, os argumentos postos no agravo, de cuja decisão se terá, na sequência, se for o caso, exame do recurso extraordinário. 5. Razão jurídica não assiste à Agravante. 6. A alegação de contrariedade ao art. 93, inc. IX, da Constituição da República não pode prosperar. Embora em sentido contrário à pretensão da Agravante, o acórdão recorrido apresentou suficiente fundamentação. Firmou-se na jurisprudência deste Supremo Tribunal: "O que a Constituição exige, no art. 93, IX, é que a decisão judicial seja fundamentada; não, que a fundamentação seja correta, na solução das questões de fato ou de direito da lide: declinadas no julgado as premissas, corretamente assentadas ou não, mas coerentes com o dispositivo do acórdão, está satisfeita a exigência constitucional" (RE 140.370, Relator o Ministro Sepúlveda Pertence, Primeira Turma, DJ 21.5.1993). 7. A apreciação do pleito recursal demandaria análise do conjunto probatório constante dos autos e da cláusula do contrato firmado entre as partes, inviável de ser adotado validamente em recurso extraordinário, conforme dispõem as Súmulas ns. 279 e 454 do Supremo Tribunal Federal: "DIREITO CIVIL E DO CONSUMIDOR. PLANO DE SAÚDE. REAJUSTE DE MENSALIDADE. MATÉRIA INFRACONSTITUCIONAL. INTERPRETAÇÃO DE CONTRATO. ÓBICE DA SÚMULA 454/STF. ALEGAÇÃO DE OFENSA AO ART. 5º, II E XXXVI, DA LEI MAIOR. EVENTUAL VIOLAÇÃO REFLEXA DA CONSTITUIÇÃO DA REPÚBLICA NÃO VIABILIZA O MANEJO DE RECURSO EXTRAORDINÁRIO. ACÓRDÃO RECORRIDO DISPONIBILIZADO EM 22.6.2012. O exame da alegada ofensa ao art. 5º, II e XXXVI, da Constituição Federal dependeria de prévia análise da legislação infraconstitucional aplicada à espécie, o que refoge à competência jurisdicional extraordinária, prevista no art. 102 da Constituição Federal. **A análise da ocorrência de eventual afronta aos preceitos constitucionais invocados no apelo extremo demandaria a análise da legislação infraconstitucional e das cláusulas contratuais, o que é vedado a esta instância extraordinária. Aplicação da Súmula 454/STF:** 'Simples interpretação de cláusulas contratuais não dá lugar a recurso extraordinário'. Precedentes. Agravo regimental conhecido e não provido" (RE 750.324-AgR, RE 750.324-AgR, Relatora a Ministra Rosa Weber, Primeira Turma, DJe 8.11.2013). "AGRAVO REGIMENTAL NO RECURSO EXTRAORDINÁRIO COM AGRAVO. DIREITO DO CONSUMIDOR. PLANO DE SAÚDE. MENSALIDADE. MAJORAÇÃO. FUNDAMENTO INFRACONSTITUCIONAL. OFENSA CONSTITUCIONAL INDIRETA. AGRAVO REGIMENTAL AO QUAL SE NEGA PROVIMENTO" (ARE 742.768-AgR, de minha relatoria, Segunda Turma, DJe 13.6.2013). "AGRAVO REGIMENTAL NO RECURSO EXTRAORDINÁRIO. CONSUMIDOR. PLANO DE SAÚDE. MATÉRIA INFRACONSTITUCIONAL: OFENSA CONSTITUCIONAL INDIRETA. NECESSIDADE DE REEXAME DE PROVAS E DE CLÁUSULAS CONTRATUAIS: SÚMULAS NS. 279 E 454 DO SUPREMO TRIBUNAL FEDERAL. AGRAVO REGIMENTAL AO QUAL SE NEGA PROVIMENTO" (RE 797.343-AgR, de minha relatoria, Segunda Turma, DJe 4.4.2014). **"AGRAVO REGIMENTAL NO RECURSO EXTRAORDINÁRIO COM AGRAVO. DIREITO DO CONSUMIDOR. PLANO DE ASSISTÊNCIA À SAÚDE. REAJUSTE POR FAIXA ETÁRIA. ANÁLISE DE LEGISLAÇÃO INFRACONSTITUCIONAL E INTERPRETAÇÃO DE CLÁUSULAS CONTRATUAIS. SÚMULA 454/STF. PRECEDENTES. OFENSA REFLEXA.** 1. O reajuste por faixa etária dos planos de saúde, quando sub judice a controvérsia, implica a análise da legislação infraconstitucional aplicável à espécie, bem como a interpretação de cláusulas contratuais, o que torna inviável o recurso extraordinário a teor do Enunciado da Súmula 454 do Supremo Tribunal Federal, verbis: "Simples interpretação de cláusulas contratuais não dá lugar a recurso extraordinário". Precedentes: AI 633.761-AgR, Rel. Min. Ayres Britto, Segunda Turma DJe de 20/4/2012, e RE 797.343-AgR, Rel. Min. Cármen Lúcia, Segunda Turma, DJe 25/03/2014. 2. In casu, o acórdão extraordinariamente recorrido manteve a sentença por seus próprios fundamentos, a qual julgou improcedente o pedido formulado nos seguintes termos: "Logo em havendo previsão expressa dos percentuais de aumento em caso de deslocamento da faixa etária no contrato firmado entre as partes, o que possibilitou a parte autora a opção de contratar ou não a ré, outra alternativa não resta senão a improcedência. Ante o exposto, julgo improcedente a presente ação." 3. Agravo regimental DESPROVIDO" (ARE 810.615-AgR, Relator o Ministro Luiz Fux, Primeira Turma, DJe 2.9.2014) 8. **No julgamento do Recurso Extraordinário n. 630.852, Relatora a Ministra Ellen Gracie, este Supremo Tribunal assentou inexistir repercussão geral sobre a questão relativa à "aplicação do Estatuto do Idoso [Lei n. 10.741/2003], a contrato de plano de saúde firmado anteriormente a sua vigência"** (Tema n. 381): "PLANO DE SAÚDE. AUMENTO DA CONTRIBUIÇÃO EM RAZÃO DE INGRESSO EM FAIXA ETÁRIA DIFERENCIADA. APLICAÇÃO DA LEI 10.741/03 (ESTATUTO DO IDOSO) A CONTRATO FIRMADO ANTES DA SUA VIGÊNCIA. EXISTÊNCIA DE REPERCUSSÃO GERAL" (DJe 31.5.2011). **Declarada a ausência de repercussão geral, os recursos extraordinários e agravos suscitando a mesma questão constitucional devem ter o seu seguimento negado pelos respectivos relatores, conforme o art. 327, § 1º, do Regimento Interno do Supremo Tribunal Federal.** Nada há, pois, a prover quanto às alegações da Agravante. 9. Pelo exposto, nego seguimento ao agravo (art. 544, § 4º, inc. II, al. a, do Código de Processo Civil e art. 21, § 1º, do Regimento Interno do Supremo Tribunal Federal). Publique-se. Brasília, 16 de fevereiro de 2015. Ministra CÁRMEN LÚCIA Relatora

(STF - ARE: 862148 BA - BAHIA 0185697-96.2011.8.05.0001, Relator: Min. CÁRMEN LÚCIA, Data de Julgamento: 16/02/2015, Data de Publicação: DJe-034 23/02/2015)

II.4) **A insurgência recursal demanda o revolvimento de todo conjunto fático-probatório dos autos. Violação das Súmulas 279 e 454 do STF.**

A sentença do juízo de primeiro grau foi reformada após oposição de embargos declaratórios para determinar que a Recorrente TREVO DA SORTE PLANOS DE SAÚDE Z pagasse valores indevidos em dobro e a outra empresa, que comprou sua carteira de clientes, pagasse os valores indevidos na forma simples, porém nem o juízo de primeiro grau em suas decisões nem o juízo de segundo grau delimitam corretamente os fatos **explicando o motivo pelo qual a Recorrente TREVO DA SORTE PLANOS DE SAÚDE Z deveria ser punida mais gravemente que a outra empresa com a devolução em dobro. Para entender esse motivo, é necessário analisar os fatos novamente**, ou seja, ler a petição inicial e seu conjunto de provas para fazer o correto juízo de valor. A petição inicial identifica grave aumento ilícito praticado **fora de previsão contratual** pela Recorrente! Seria necessário ainda interpretar as cláusulas contratuais com as provas para identificar a majoração contratual ilícita e verificar como ocorre a violação do contrato pela Recorrente para entender que não houve violação a direito adquirido da Recorrente.

A Súmula 279 do STF é clara: "Para simples reexame de prova não cabe recurso extraordinário".

A Súmula 454 do STF não deixa dúvidas: "Simples interpretação de cláusulas contratuais não dá lugar a recurso extraordinário".

Assim não se pode dar outro entendimento senão o de não se conhecer do recurso interposto.

III) RAZÕES PARA NEGAR PROVIMENTO AO RECURSO EXTRAORDINÁRIO

Caso o recurso extraordinário seja conhecido, o que não se acredita, o recorrido apresenta suas razões de mérito para que o presente recurso seja improvido.

As razões do recurso extraordinário se fundamenta em suposta violação de um dispositivo constitucional, o art. 5º, inc. XXXVI.

Após a sentença publicada em 28 de abril de 2015, houve embargos declaratórios do recorrido que foram julgados, conforme a sentença abaixo e publicados em 18 de junho de 2015 para tratar da questão da devolução em dobro dos valores pagos FORA DE PREVISÃO CONTRATUAL ocasionados pela Recorrente TREVO DA SORTE PLANOS DE SAÚDE Z:

> "Trata-se de Embargos de Declaração interpostos pela 1ª ré, nos termos de fls. 357/361, bem como, interpostos pela parte autora, nos termos de fls. 363/365, os quais passo a apreciar. Devem ambos embargos serem conhecidos, eis que presentes os seus requisitos objetivos e subjetivos. Os Embargos de Declaração, como é de notória sabença, só devem ser manejados quando houver contradição, obscuridade ou omissão na sentença (art. 535

do CPC). Não é este o caso em tela. Art. 535, CPC: Cabem embargos de declaração quando: I - houver, na sentença ou no acórdão, obscuridade ou contradição; II - for omitido ponto sobre o qual devia pronunciar-se o juiz ou tribunal; Sendo assim, no mérito, no que se refere ao recurso interposto pela 1ª ré, conclui-se, portanto, que a Embargante utiliza-se da referida via recursal para rediscutir o mérito da sentença, o que é inadmissível. Assim, uma vez que o referido claramente almeja reformar a sentença pela via inadequada, REJEITO os presentes embargos de declaração. Contudo, no tocante ao recurso interposto pela parte autora, no mérito, verifico que assiste razão a mesma, eis que, em verdade, a sentença lançada às fls. 348/354 apresenta contradição com **relação à devolução em dobro dos valores pagos a maior pela autora, nos termos do art. 42 do CDC**. ISTO POSTO, CONHEÇO dos Embargos de Declaração interpostos, PARA ACOLHÊ-LOS, a fim de que seja sanada a contradição, devendo ser incluído na sentença embargada o seguinte: '**Condeno ainda a primeira ré (TREVO DA SORTE PLANOS DE SAÚDE Z) a devolver à autora, EM DOBRO, NA FORMA DO ART. 42 DO CDC, os valores pagos a título de aumento de faixa etária, a partir de dezembro de 2011 até setembro de 2013, acrescidos de juros de mora de 1% ao mês da citação e correção monetária de cada desembolso, e condeno a segunda ré (MEDICINA DE GRUPO Y) a devolver à autora os valores pagos a título de aumento de faixa etária, a partir de outubro de 2013, acrescidos de juros de mora de 1% ao mês da citação e correção monetária de cada desembolso.**' No mais, mantenho a sentença como lançada."

Nota-se que a jurisdição ordinária reconheceu a má-fé de uma empresa no polo passivo e não reconheceu a má-fé da outra empresa. Para compreender essa má-fé da presente Recorrente basta reexaminar e interpretar conjuntamente as provas nos autos nas folhas 24 e 35. A folha 24 trata de um comprovante entregue pela própria Recorrente demonstrando aumento na idade de 70 anos da mensalidade do plano de saúde do recorrido e a folha 35 é parte do contrato que impõe o aumento na idade de 71 anos.

Evidenciada a má-fé, nada mais justo a decisão do juízo de piso no sentido de devolução em dobro dos valores indevidos, considerando ainda que o recorrido é duplamente vulnerável idosa com idade avançada e consumidora que desconhece a evolução tecnológica atual, portanto, alvo perfeito para tentativas inescrupulosas de enriquecimento ilícito de terceiros mal intencionados.

Portanto, o art. 42 do CDC, parágrafo único, foi muito bem utilizado pela justiça estadual, merecendo aplausos sua aplicação conforme a lei federal e os precedentes dos Tribunais sem atingir o direito adquirido da Recorrente, que tinha, na verdade, o dever adquirido de cumprir o contrato, simples aplicação do *pacta sunt servanda*. A argumentação do recorrido é tendenciosa, omissiva e falsa, típico *jus esperneandi* com caráter protelatório, o que merece reprimenda.

O caso concreto diverge de um caso paradigma ideal para aplicação do recurso extraordinário da Recorrente. É muito mais complexo. Necessário aplicar a técnica do ***DISTINGUISH***. O primeiro aumento de mensalidade ilícito ocorreu sem previsão contratual, conforme as provas, que incluem o contrato e quem praticou esse aumento foi a Recorrente sem a necessidade de aplicar o Estatuto do Idoso nem outra lei mais recente, bastando meramente o **CDC**. Nesse sentido violou-se direito contratual do recorrido e não da Recorrente. Quanto à aplicação das outras leis como o Estatuto do Idoso para o plano de saúde contratado antes do início da vigência do Estatuto do Idoso, deveria a outra empresa, que comprou a carteira de clientes da primeira empresa e fez parte do polo passivo da demanda original se manifestar via Recurso próprio, o que não ocorreu. Portanto, para a Recorrente não houve violação do direito adquirido, porém, caso o Egrégio Supremo Tribunal Federal concordasse com a Recorrente haveria violação de outros dispositivos constitucionais que tratam do direito à saúde, do direito à dignidade humana, da proteção ao consumidor, etc. Na colisão de normas constitucionais, devem prevalecer as mais importantes para o caso em tela, que, com certeza, seriam o direito à saúde e à dignidade humana do recorrido, consumidora duplamente vulnerável seja pela idade avançada, seja pela dimensão econômica da Recorrente.

IV) DA LITIGANCIA DE MÁ-FÉ

Usando do artifício do "*JUS ESPERNEANDI*", a Recorrente, não encontrando meios para prover sua defesa, diante de seus injustificados atos, **tenta conduzir os Eméritos julgadores ao erro**, fazendo parecer que o recorrido não fez prova de suas alegações ou que o direito civil sob a luz da constituição do caso em tela não deve ser aplicado em favor da vítima da relação falha de consumo.

Todavia, resta comprovado nos autos, conforme demonstrado no início desta defesa, que a Recorrente fracassou no seu dever de respeitar os limites contratuais ao permitir falhas na efetivação do contrato tanto realizando aumento sem previsão contratual como com previsão em conflito com a legislação pátria confirmada pelos Tribunais, gerando prejuízos evidentes para o recorrido, hipossuficiente técnica e economicamente.

Diante de todo o exposto, a Recorrente não conseguindo encontrar outros meios, com **INTUITO PROCRASTINATÓRIO** recorreu da r. decisão do Tribunal Estadual.

Desta maneira, vislumbramos que o presente recurso extraordinário não possui nenhum fundamento capaz de modificar o que já foi decidido, ao contrário conduz a uma sequência de pensamentos e ideias equivocados, portanto, tenta-se DESVIRTUAR A APLICAÇÃO DO DIREITO PÁTRIO.

Ressalta-se que apesar de ser um direito, o acesso à jurisdição do STF não foi criado para permitir que os vencidos dilatem os prazos para cumprimento dos acórdãos, pelo contrário!

Contudo, esse direito deve ser exercido de maneira coerente, não sendo permitido à Recorrente pleitear reformas de decisões sem um mínimo de respaldo, apenas para protelar. Será que há alguma dúvida que o verdadeiro interesse da Recorrente é **procrastinar**?

Vale lembrar o Código de Defesa do Consumidor:

Art. 6º São direitos básicos do consumidor:

VI - a efetiva prevenção e reparação de danos patrimoniais e morais, individuais, coletivos e difusos;

VII - o acesso aos órgãos judiciários e administrativos com vistas à prevenção ou reparação de danos patrimoniais e morais, individuais, coletivos ou difusos, assegurada a proteção Jurídica, administrativa e técnica aos necessitados

Assim, não existindo nenhuma razão fática e lógica que possa sustentar os argumentos da Recorrente, a mesma deve ser condenada por litigância de má-fé.

> REsp 830956 / AL
> Ministro ALDIR PASSARINHO JUNIOR
> DJ 28.05.2007 p. 355
> CIVIL E PROCESSUAL. AÇÃO DE INDENIZAÇÃO. RESPONSABILIDADE RECONHECIDA PELO TRIBUNAL DE 2º GRAU. LITIGÂNCIA DE MÁ-FÉ IDENTIFICADA. INTUITO PROCRASTINATÓRIO EVIDENCIADO. PENALIDADE. CABIMENTO. REEXAME DOS FATOS. SÚMULA N. 7/STJ. DANO MORAL. CONFIGURAÇÃO. VALOR DO RESSARCIMENTO. FIXAÇÃO EM PATAMAR RAZOÁVEL. REDUÇÃO INCABÍVEL. JUROS MORATÓRIOS. CONTAGEM. SÚMULA N. 54-STJ.
> I - Identificado o propósito de procrastinar a solução da lide pelo Tribunal a quo, que ensejou a imposição da multa por litigância de má-fé, a conclusão em contrário depende do reexame do conteúdo fático da causa, vedada pela Súmula n. 7-STJ.
> II. Indenização fixada em valor razoável, não justificando a excepcional intervenção do STJ a respeito.
> III. Os juros de mora têm início a partir do evento danoso, nas indenizações por ato ilícito, ao teor da Súmula n. 54 do STJ.
> IV. Recurso especial não conhecido.

V) DA FIXAÇÃO DE HONORÁRIOS ADVOCATÍCIOS:

Diante da necessidade de produção das presentes Contrarrazões, maior zelo e diligência do procurador do recorrido, o valor deve ser proporcional ao trabalho exigido, considerando que o trabalho é valor constitucional e motor de desenvolvimento do país.

VI) CONCLUSÕES E PEDIDOS

Está claramente demonstrada a impossibilidade de conhecimento e provimento do recurso extraordinário diante de total inexistência de pressupostos de sua admissibilidade e ante a ausência de fundamentação jurídica plausível, uma vez que:

- O Supremo Tribunal Federal não pode aceitar recursos extraordinários sem o devido pré-questionamento. Recursos pós-questionados não são admitidos;

- Manifesta-se evidente ausência de repercussão geral da matéria;

- Não houve ofensa direta ao artigo 5°, inc. XXXVI da CF/88;

- O Supremo Tribunal Federal não é instância revisora de matéria fática – Incidência das Súmulas 279 e 454 do STF.

Diante do todo exposto, requer:

1. Preliminarmente, o não conhecimento do recurso extraordinário, porque inexistentes seus pressupostos de admissibilidade;

2. Meritoriamente, *ad argumentandum*, na hipótese de admissão de recurso e análise do mérito, o seu improvimento;

3. A condenação por litigância de má-fé da Recorrente com os efeitos previstos no CPC vigente;

4. O pagamento de honorários advocatícios em valor justo.

Nestes Termos,

Pede Deferimento.

CIDADE, DATA.

NOME DO ADVOGADO

OAB DO ADVOGADO

www.ingramcontent.com/pod-product-compliance
Lightning Source LLC
Chambersburg PA
CBHW080524190526
45169CB00008B/3039